Tiempo lento

CARLOS DÍEZ CUADRADO

Tiempo lento

EDICIONES
COMPLUTENSE

El jurado compuesto por Luis Alberto de Cuenca Prado, José Alejandro Simón Partal, Álvaro López Fernández y Antonio José Huerga Murcia concedió el Premio Complutense de Literatura 2024 Programa Universidad para Mayores, en su modalidad de Poesía, a la obra *Tiempo lento* de Carlos Díez Cuadrado.

Imagen de cubierta: Carlos Díez Cuadrado

PRIMERA EDICIÓN: ABRIL DE 2025

© 2024, Carlos Díez Cuadrado
© 2025, Ediciones Complutense
   Universidad Complutense de Madrid
   Pabellón de Gobierno
   Isaac Peral s/n
   E-28015 Madrid
   T.: 91 394 1127
   info.ediciones@ucm.es
   http://www.ucm.es/ediciones-complutense

ISBN: 978-84-669-3897-6
Depósito Legal: M-5629-2025

Impresión
   Solana e Hijos Artes Gráficas
   Calle de San Alfonso, 26
   28917 La Fortuna, Leganés (Madrid)

Printed in Spain

El tiempo presente y el tiempo pasado
Acaso estén presentes en el tiempo futuro
Y tal vez el futuro lo contenga el pasado
Si todo tiempo es un presente eterno
Todo tiempo es irredimible

Cuatro cuartetos. T. S. Eliot

I

Todo se mueve con lentitud
los hombres, la lluvia,
el viento, la geografía,
el agua salada entre
continentes, y las mareas
que arrastran
huellas y culpas.

Tiempo lento donde
las palabras, los acentos,
y hasta las fronteras
se hacen líquidas
en este rincón del mundo
donde un día los lagartos
fueron emperadores.

Tiempo lento para detenerse
para hacerlo todo con nuevo pulso,
para descubrir nuevos paisajes,
para escuchar a las cigarras,
para perderse en lo invisible.

Tiempo lento de
miradas lentas,
caminar pausado,
de lenguas que hablan
sin estridencias,
de vivir con pinceladas finas,
de posarse
en la ramita de un árbol
para contemplar el firmamento.

Tiempo lento para
saborear cada instante,
aspirar el aire
que oxida el metal,
y sumergirse en la noche
que enciende las llamas
de un lento amanecer.

II

Tiempo lento y ancho,
sin fronteras,
que solo existe en mí y
solo yo lo poseo y
cuando camino, solo yo
oigo sus pasos y con
mis manos lo toco,
y con mi boca lo

acaricio y cuando yo no esté
el tiempo ya no será.

Tiempo lento lleno de voces,
de aire ausente,
de sueños fugaces
que en la noche peregrinan
en busca del alba,
para empezar de nuevo,
para andar despacio y
vestirse sin prisa.

Tiempo lento para un querer
lento, pausado,
para seducir al mundo y
a la noche,
para aprender lentamente
las nuevas reglas de la vida,
la nueva geometría
de las horas y de los días.

III

Largos son los días y
cortos los años.

Navega lento el tiempo y
las horas, efímeras,
despliegan sus velas

hacia el mar de poniente.
Mar en aparente calma,
donde la vida se funde
y se quiebra
entre el ayer, el hoy y
el mañana.

El tiempo navega
fragmentado, desordenado,
en días anónimos,
en densos minutos
que ayer fueron,
y ya no son.
Tiempo que ayer fue
viento cortante
que hoy es vendaval inquieto y
quizás mañana sea
tormenta estival.

Tiempo lento que hoy
se me escapa entre los dedos
y yo, por fin, soy ajeno
a las modas
a los cortejos
a la ignorancia y a los gritos.

IV

Es agosto. Los relojes se llenan de
arena blanca y guijarros.
Son las últimas luces del verano.
Los años se desprenden de la piel y
el cuerpo se agrieta como
la corteza de un castaño.
Quiero apurar la última luz del estío y
el último minuto de otoño,
antes de que llegue el largo invierno.
Al final, solo hay una certeza
y tantos interrogantes.

Qué rápidos y cortos han sido
estos setenta años,
y qué lentas sus horas.
En un abrir y cerrar de ojos he vivido
una vida entera y,
sin embargo, cada instante ha sido
un mundo de gestos y delirios,
de luces, trazos grises y sombras,
de voces desnudas,
de idilios y
de lentas esperas.

Estoy en un tiempo de descuento.
Vivo en días magnéticos que,
como un imán, me llevan
a nuevos impulsos.
Al final del largo invierno

no habrá respuestas,
solo preguntas.

V

Entre lamentos
se fuga el tiempo y,
en una lluvia de nostalgia,
yace dormido
el tiempo de ayer,
con su huella cruel
con su inútil geometría.

El tiempo de hoy,
como el aire,
noble, dulce, mortal,
fluye, como fluye el agua
hacia el mar infinito,
como una abeja ansiosa
de llevar el néctar a su colmena.

Ayer yo era,
hoy existo,
mañana seré
tan solo un recuerdo.
El tiempo todo lo aniquila y,
como una riada,
todo lo inunda
la tierra y la memoria.

VI

Nubes lentas y
lentas caricias, deleite
de un tiempo lento.
Los relojes solo marcan
horas lentas.
Mi maleta está llena
de zapatos viejos y
universos lejanos.
Los años son el espejo
de un instante.
Los días son orugas,
tejiendo un manto de seda.

Termina un año,
el tiempo fluye
inevitable, incierto.
En el nuevo año hay que ser
pacientes con los relojes,
dejar de escuchar
su monótono tictac,
saber medir la longitud
de una mirada,
la extensión de un sueño.

Hay que fijarse un repertorio
de frases útiles
para caminar por el mundo,
y si soñar no es posible,
hay que inventar los sueños.

VII

Cada día miro
ese jardín interior que es
como un átomo de oxígeno
que vuela libre y
rompe como una ola.
A veces, ensimismado
por las nubes,
por los acantilados,
no encuentro el pulso.
El ritmo se ha ido y se repiten
los minúsculos sucesos
como horas de hastío en el
legado de las piedras,
en infinidad de metáforas.

Cada día me miro en el espejo.
Veo un rostro gastado, viejo.
Es el mismo rostro, pero con la pátina
de los días que ya no regresan:
una mirada cansada,
una sombra bajo
los párpados y carne rosada
en las mejillas y en la frente.
Caballos galopando.
Peces nadando entre
dunas y abetos.
Los rasgos de ayer se funden
con la niebla.
Los de hoy se dibujan

en pequeñas arrugas,
en luces diminutas.

Y con esta identidad deambulo
por las calles de mi barrio
esperando que
el tendero de la esquina,
la quiosquera de la plaza y
hasta la anciana que todos los días
pasea a su perrito
me reconozcan,
porque yo soy
si el mundo me reconoce y
si algo en mi jardín interior
me dice: no pares, sigue andando.

VIII

Me adapto a los nuevos tiempos,
como el aire y el agua
que moldean el paisaje.
Solo soy una partícula de polvo
en medio de un cúmulo de estrellas.

La piedra de las catedrales rompe
la monotonía del tiempo
con su sonido de campanas,
con el ronco quejido de sus mármoles.

El ritmo de las horas y de las mareas
se repite
con la cadencia de las estaciones.
Hoy me dejo seducir por unos versos,
mañana pondré en la balanza
pérdidas y ganancias.

IX

Mañana quizás escriba algo
que tenga sentido.
Quizás escriba:
El viento sopla del este y
en el jardín florece
un falso jazmín.
Mañana quizás sueñe con
la primavera en un bosque
frondoso o con una
playa desierta.

Mañana quizás se disipe la
niebla que con su manto cubre
esa palabra aún no pronunciada,
esa frase ya olvidada.

Mañana quizás escriba
una carta manuscrita
con una letra redonda y pequeña
a alguien que,

al otro lado del tiempo,
espera impaciente.

Mañana quizás corran libres
por la Gran Vía de Madrid
manadas de ciervos
como las de bisontes
en el Manhattan de Lorca.

Mañana quizás
una música nocturna
inunde las noches,
y quizás escriba algo
que tenga sentido.

X

La vida es un caos entre dos silencios
Samuel Beckett

Entre dos silencios
la vida es barro,
ceniza, incienso,
y su ruido ensordece
el susurro de la hierba,
el canto del metal,
el deshielo en abril.

Entre dos silencios,
a veces he visto
pedazos de cielo abierto,
la negrura del universo,
y he escuchado el
tictac de los relojes,
las campanas repicando,
el rumor de las iglesias.

Entre dos silencios
siempre he buscado
el verbo correcto,
la colina perfecta,
el mar, siempre el mar,
y entre búsquedas y
encuentros
me he pasado los días
coleccionando silencios.
      acentos
             senderos
                  horas
                        inviernos
                            caricias

XI

Trazar un mapa que vaya
de la infancia a la vejez
es hacer un viaje largo, sin brújula.

Es recrear sonidos. Alumbrar
geografías perdidas.
Es descubrir vetas ocultas en
las paredes de la memoria,
recorrer caminos
con una nueva mirada.

¿Qué fue de aquel niño que
conoció el mar por primera vez?
¿Y del adolescente que saboreó
la miel del primer amor?
¿Y del joven que un día
cruzó el océano
para abrirse al mundo?

Trazar mapas es
dibujar esquemas
de contrastes y matices,
unos grises, otros luminosos,
cada uno con su acento,
cada uno con su lamento.
Es trazar rutas, reales, imaginadas
con sus caminos de oro,
con su desnudez, su apariencia.
Es trazar planes perfectos
que solo a medias se cumplen.

Y siempre la duda de no saber
¿adónde vas?, ¿quién eres?
Siempre la misma pregunta:
¿qué sentido tiene todo esto?

¿de qué va la vida?
¿de trazar mapas incansablemente o
suavemente dejarse llevar
empujado por el viento de cola?

XII

Atrás han quedado los tiempos
donde siempre era lunes.
donde, en las noches eternas,
la lengua se secaba y
se apagaban los astros.

Cada día la misma rutina:
despertar, un café con leche,
subir al metro, llegar a la oficina,
respirar el mismo aire viciado,
escuchar teléfonos aullando,
gente aullando.

Allí, donde siempre era lunes
no existía el paraíso.
La boca al despertar,
me sabía a lunes.
El café del desayuno tenía
aroma de lunes.

El metro a las ocho de la mañana
se llenaba de gente

con rostro de lunes.
El aire del mediodía tenía
textura de lunes.

Solo ahora, en mis sueños,
aparecen lunes oxidados
lunes hambrientos
lunes infinitos.
Tiempos donde
siempre era lunes.

XIII

Cuánto pesan los días vividos.
Cuánto pesan la nostalgia
y el olvido.
Cuánto pesa la longitud
de una mirada,
y el diámetro de una vida
que lo abarca todo,
un sentimiento noble
un amor sin fisuras,
y prejuicios que rasgan
la piel de otros,
el territorio de otros.

Cuánto pesa la distancia entre
el azul y el rojo,
entre un pedazo de cielo y el color

de la arcilla,
entre la brevedad de un instante
y una nube pasajera,
entre el ocre y la noche desierta.

Cuánto pesan los días por vivir.

Este libro se terminó de imprimir
en la imprenta Solana e Hijos Artes Gráficas
el 23 de abril de 2025